AF356767

PERSONNAGES.   ACTEURS.

M. RONDIN, Marchand de bois de l'île
   Louvier.   *Dubois.*

Mad. RONDIN, sa femme.   Mad. *Barroyer.*

THÉRÈSE, leur fille.   Mlle. *Ferton.*

DIAHU, leur premier garçon charretier,
   amoureux de Thérèse.   *Tiercelin.*

FAGOTIN, garçon de chantier, amant préféré
   de Thérèse.   *Brunet.*

La scène est à L'isle Louvier.

FAGOTIN,

ou

L'ESPIÈGLE

DE L'ISLE LOUVIER.

Le théâtre représente l'entrée d'un chantier.

SCENE PREMIÈRE.

Mad. RONDIN, *seule, assise et occupée à filer.*

Air : *Il faut que l'on file.*

Que d'une épouse fidèle
Le destin est chagrinant,
Lorsque son époux loin d'elle
Prétend passer chaque instant !
Mari d'humeur libertine,
Laisse sa femme chagr'ne
Et vole à ses rendez-vous,
Tandis qu'elle file, file, file, } (*bis.*)
Tandis qu'elle file doux.

SCENE II.

M. RONDIN, Mad. RONDIN.

M. RONDIN, *en colère.*

Vous allez sans doute, madame Rondin, me dire où est votre protégé ?

Mad. RONDIN.

Mon protégé !

M. RONDIN.

Oui, votre protégé ! ce mauvais sujet de Fagotin ; tout le monde est au chantier, excepté lui.

 FAGOTIN,

Mad. RONDIN.

Puis-je savoir, moi....?

M. RONDIN.

Parbleu, madame, je vous ai beaucoup d'obligation d'avoir fait entrer chez moi ce petit drôle, chassé de tous les chantiers voisins.

Mad. RONDIN.

Pour des bagatelles, j'en suis sûre.

M. RONDIN.

Vous croyez? Eh bien! quoiqu'il en soit, je ne vous le garderai pas davantage ici.

Air : *Il était un p'tit homme.*

C'est un petit bonhomme
Aussi taquin,
Malin
Que mutin;
Dans l'isle on le renomme
Pour les plus mauvais tours,
Les détours
Auxquels il a recours;
Et cela tous les jours. (*bis*)

Mad. RONDIN.

Mais il est si gentil, si espiègle, mon cher petit mari, je t'en prie.

Laisse-le moi (*ter.*) toujours.

M. RONDIN.

Même air.

Ici d'une croisée
Il casse les barreaux,
Les carreaux;
La nuit, porte fermée,
Il frappe et l'on accourt,
Il s'encourt,
Puis se met en atour,
Pour joindre les amours.

Mad. RONDIN.

Quelle calomnie! Il n'est que trop sage, ce cher enfant....
Mon cher petit mari, je t'en prie,

Laisse-le moi (*ter.*) toujours.

M. RONDIN.

Non, ferai-je de par tous les diables; j'ai trop de griefs

contre ce mauvais sujet. Dernièrement encore ne s'est-il pas
fait reconduire, à grands coups de balai, jusqu'à ma porte,
par toutes les servantes de la rue des trois Pistolets ; mais le
plus fort de mes griefs, si je n'en parle pas, vous devez me
savoir gré de mon silence, madame Rondin.

Mad. RONDIN.

Qu'est-ce donc ?

M. RONDIN.

Ne me poussez pas à bout.

Mad. RONDIN.

Je ne crains rien.

M. RONDIN, lui prenant la main.

Vous connoissez les grands Maronniers de la Rapée, madame Rondin, je ne vous dis que cela.

Mad. RONDIN.

Je ne vous entends pas.

M. RONDIN.

Au surplus, soyez bien persuadée qu'il se moque de vous,
et si ce petit drôle a l'air de se prêter à vos ridicules cajo-
leries, c'est qu'il est amoureux de ma fille, et qu'il s'i-
magine.....

Mad. RONDIN.

Air : du Vaudeville de la fille en loterie.

> Non, non, monsieur, ne croyez pas
> Que son cœur s'adresse à ma fille,
> Il sait bien qu'il perdroit ses pas,
> Qu'elle est trop riche et trop gentille.
> Et sur Fagotin, devant moi,
> Thérèse n'ouvre pas la bouche ;
> Elle est sage et de bonne foi,
> Je ne pense pas qu'il y touche.

M. RONDIN.

A la bonne heure, car vous ne devez pas ignorer que je
la destine à Diahu, mon premier charretier, garçon intelli-
gent et connu dans l'Ile pour un travailleur.

Mad. RONDIN.

Un beau parti pour Thérèse ! un homme sombre, brutal,
aussi jaloux que vous, et qui n'a jamais à la bouche que de
grands morceaux..... d'ariettes qu'il place à tout propos,
et qu'il chante à faire peur.

M. RONDIN.

C'est un homme rangé, plein de sentiment, et qui va toutes les décades, à l'opéra, pour y apprendre de *petits vaudevilles* parce qu'il sait que j'ai du plaisir à les entendre.

Mad. RONDIN.

Il ferait bien mieux de dépenser son argent.....

M. RONDIN.

Avec vous, à la Rapée, comme Fagotin, n'est-ce pas?

Mad. RONDIN.

Si Fagotin me promène c'est votre faute ; vous me laissez, toute la semaine, en chantier. D'ailleurs ma conduite n'est pas extraordinaire. Notre voisine, la femme du notaire, se fait bien promener par ses clercs, et son mari n'y trouve pas à redire.

M. RONDIN.

Oui, mais, comme je ne veux pas que Fagotin vous serve de clerc, je le chasse dès aujourd'hui, et je marie ma fille Diahu, parce que je dois à ses soins la prospérité de mon commerce.

Mad. RONDIN.

Soyez jaloux, M. Rondin, mais ne soyez pas ingrat.

> Air : *Un jour il est agriculteur.*
>
> Plus qu'un autre, sans me flatter,
> A votre bois je suis utile ;
> C'est moi qui vous en fais porter,
> Presqu'à tout moment, dans la ville.
> Aussi n'est-il plus qu'une voix,
> Et chacun convient, à la ronde,
> Que mon époux, en fait de bois,
> Est le premier homme du monde.

RONDIN.

Tout comme il vous plaira ; mais j'en ai l'obligation à Diahu.

Mad. RONDIN.

J'en saurais quelque chose.

M. RONDIN.

Il met à tout ce qui me regarde un intérêt.....et vous en avez la preuve, encore aujourd'hui. Brillant, mon cheval limonier, a disparu, vous le savez.

Mad. RONDIN.

Eh bien ?

M. RONDIN.

Diahu, depuis ce matin, est à sa découverte, et a juré
de ne prendre de repos qu'après l'avoir trouvé.

Mad. RONDIN.

C'est édifiant.

SCENE III.

LES MÊMES, DIAHU.

DIAHU, *pleurant, un mouchoir à la main.*

Air : *j'ai perdu tout mon bonheur.*

J'ai perdu tout mon bonheur,
J'ai perdu mon serviteur.

M. RONDIN, *l'interrompant.*

Eh bien ! que lui est-il donc arrivé, parle ?

DIAHU.

Une aussi jolie bête ! large poitrail, superbe encolure,
narine ouverte, étoile au front, soupe au lait, à tout crin.

Mad. RONDIN.

Eh bien ?

DIAHU.

Requienat rin pace.

M. RONDIN.

Serait-il possible ?

DIAHU.

Ce que c'est que de nous, pauvre animal ! qui se portait
si bien ce matin.

Mad. RONDIN.

Consolez-vous, ce n'est qu'une bête de morte; on trouvera,
je vous assure, à la remplacer.

DIAHU.

Me consoler ! jamais. (*il chante.*)

Unis dès la plus tendre enfance,
Nous n'avions qu'un même désir.

M. RONDIN.

Que veux-tu, mon enfant; on en achetera un autre.

DIAHU.

Un autre brillant ? impossible.

(*il chante.*)

« Il m'avait prodigué sa tendresse et ses soins.

Mad. RONDIN.

Ah ! mon dieu !

Air : *ça n'se peut pas.*

Dans sa douleur et sa tristesse,
Il est aussi par trop plaisant
Regretterait-il sa maîtresse
Autant qu'il regrette brillant ?
On s'afflige, comme vous faites,
Pour un frère, un ami certain.

DIAHU.

Celui qui n'aime pas les bêtes,
Souvent n'aime pas son prochain.

M. RONDIN.

Et qui l'a tué, ce pauvre brillant ?

DIAHU.

Fagotin.

M. RONDIN.

Fagotin ?

Mad. RONDIN.

Fagotin ?

DIAHU.

Fagotin, tout à l'heure, il vient de le ramener dans un état à tirer les larmes des figures les plus insensibles. Il a tombé sur la litière, sans mot dire, et sous la minute, il a passé devant mes yeux, de vie za trépas.

M. RONDIN.

Je vais faire expirer ce drôle-là sous le bâton.

DIAHU.

Quand il ma vu pleurer, il s'est mis à rire ; j'y ai distribué quelques coups de passifs dans les cliquettes.

Mad. RONDIN.

Vous l'aurez blessé, je gage ?

DIAHU.

Il n'a boité qu'un instant d'une giroflée que j'y ai collée sur la figure, avec mes deux mains ; il s'est sauvé dans le chantier, je l'y ai poursuivi.

Air : *tout le long de la rivière.*

Après bien des mauvais propos,
Il a grimpé sur les fagots,
Et là, sans que rien ne l'arrête,
Il a fait pleuvoir sur la tête,
De maint intrépide ouvrier,
Les bûches de votre chantier,
Et fait couler, près d'une pile entière,
Tout le long, le long, le long de la rivière.

RONDIN, *va pour sortir.*

Je vais sur-le-champ.....

DIAHU, *le retenant.*

Restez en place, not' bourgeois, et je m'charge d'li moucher l'éternuant avec un tricot de quatre mètres, ou je n'me nomme pas Diahu.

SCENE IV.

LES MÊMES, FAGOTIN.

FAGOTIN. *à la Cantonade, il est armé de deux bûches.*

(*Il sort à reculons.*)

LE premier qu'approche je l'envoie rejoindre brillant.

DIAHU, *sautant sur les bûches.*

Armes bas !

FAGOTIN., *les rendant.*

Je mets les pouces.

DIAHU.

Air : *De la caravane.*

La victoire est à nous.   (*bis.*)

RONDIN.

A présent, petit drôle, dis-moi où tu as si bien équipé mon cheval ?

Mad. RONDIN.

Je parie, moi, qu'il n'y a pas de sa faute.

DIAHU, *lui montrant le poing.*

Pale vite et pale ben, ou je te vergette la mine avec un houssoir à cinq branches.

B

FAGOTIN, *d'un ton impertinent qu'il conserve pendant la scène.*

Vous voulez savoir ce que j'ai fait de Brillant, eh bien, je l'ai mené prendre l'air avec moi , au Bois-de-Boulogne, v'la tout.

M. RONDIN.

Voyez donc avec quelle assurance il répond !

DIAHU.

Je ne m'étonne pas si tu l'as tué, paltoquet, toi qui n'as jama tenu de cheval entre tes jambes.

FAGOTIN.

Ça n'empêche pas que j'avais une fière tournure sur celui-là.

Air : *J'ai vu partout dans mes voyages.*

J'ai fait un voyage sans doute,
Qui va vous paraître charmant ;
Et j'ai, ma foi, pendant la route,
Reçu plus d'un beau compliment.
Jarret tendu , levant la tête,
Et l'air distingué du commun,
J'étoissi ferme sur ma bête ,
Qu'elle et moi nous ne faisions qu'un. } bis.

DIAHU.

Je gage qu'il l'aura mené d'un train ....

FAGOTIN.

Dutout : j'avais beau lui donner des coups de mollettes , il s'est toujours laissé dépasser par des criquets de chevaux et des voitures de louage ; car, à ce Bois-de-Boulogne, il n'y a que de ça.

Air : *dans la vigne à Claudine.*

Ces superbes voitures
Sont toutes locatis ;
Les chevaux, les parures,
Sont encor locatis ;
Le laquais qu'on y mène
Est souvent locatis ;
Femme qu'on y promène
Par fois est locatis. (ter.)

M. RONDIN.

Il est bien question de cela. Je veux savoir....

FAGOTIN.

La cause de l'accident arrivé à votre bête , not' bourgeois ;

Je vais vous le conter en deux tems : j'étais si confusionné de me voir dépassé par ces criquets de tout à l'heure, que je l'ai battue, mais j'dis battue... *M. Rondin veut le frapper.*

Mad. RONDIN.

Laissez-le achever.

FAGOTIN.

Il a ben fallu qu'all' galoppe ; ça l'a peut-être fatiguée un brin ; je suis revenu en bonne santé, tant mieux pour moi ; elle est revenue morte, tant pis pour elle. Je vous promets qu'à présent, je ne la remenerai plus au Bois-de-Boulogne. V'là qu'est dit : je ne vous en veux pas. Faisons la paix ; qu'il n'en soit plus question.

M. RONDIN.

Je ne sais à quoi il tient.....

Mad. RONDIN.

Calmez-vous, M. Rondin.

M. RONDIN.

J'en ai par-dessus la tête, Madame....... de ce garçon là ; qu'il se retire de devant mes yeux, et qu'il n'y reparaisse jamais.

FAGOTIN,

Vous allez me donner un certificat de bonne conduite.

M. RONDIN.

A-t-on idée d'une pareille impudence !

FAGOTIN.

Gn'y a pas d'impudence là-dedans, tous les maîtres qui m'ont chassé m'ont donné un certificat comme par lequel ils étoient contens de moi.

M. RONDIN.

Tiens, petit drôle, vas-t-en.

DIAHU.

Ça t'défrise, grimaud, pas vrai ? allons pirouette su'l'talon, et vîtement.

(Il le prend sous le bras et veut l'entraîner malgré lui.)

Air : *de l'amour filial.*

Allons, donne-moi le bras,
Que je t'escorte
la porte.

DIHHU. M. RONDIN.

Allons, donne-moi le bras,
Mais, mon petit, n'y r'viens pas.
(*Rondin et Diahu entraînent Fagotin jusqu'au bout du
théâtre en chantant, etc.*)

SCENE V.

F A G O T I N, *seul, se débarassant de Diahu.*

Oui, oui, riez, riez ; ça n's'ra pas vous qui riserez les der-
niers. En attendant, me v'là su'l'pavé, c'est pas l'embarras,
ça m'taquine pus q'ça n'm'humilie. Quand on est fait à une
chose on n'a pas d'peine a s'y accoutumer ; et d'ailleurs, en
cas de besoin, la bourgeoise me sustenterait. C'te vieille
folle, qui s'est inséré dans la cervelle que je l'aimais,
parce que j'lai promenée queute fois à la Rapée au sujet d'sa fille que j'avois pus d'licence à voir là. Mais, c'est
elle, sa fille qui va s'dessécher dans les larmes en apprenant
mon inconvenient. Comment parer.... si je... par exemple...
en supposant.... oui.... mais non... pourtant.... bravo... ça
y est. Ah ! vous verrez ben qu'avec ma physionomie de bre-
bis, je n'suis pas un oison. Dessous dix minutes d'horloge,
je pêche dans mes filets, le papa, la maman, j'm'épouse avec
la fille, et je....

Air : *Pauvre petit.* (de Renaud d'Ast.)

Ah! quelle bonne invention !
Quelle heureuse inspiration !
Je vois finir ma peine ;
Ma fortune est certaine ,
Grace à ma bonne invention , (*bis.*)
Ah! non, (*7 fois*) je n'aurai plus de peine.

Et vite, et vîte ; je n'ai pas un instant à perdre.

(*il va pour sortir.*)

SCENE VI.

FAGOTIN, THÉRÈSE.

THÉRÈSE, *le ramenant.*

Suite de l'air.

QUE viens-je d'apprendre en ce jour?
On te ravit à mon amour.
Hélas! conçois-tu ma douleur?

FAGOTIN.

Conçois-tu bien tout mon bonheur?

THÉRÈSE.

Eh quoi! tu ris de mon chagrin?

FAGOTIN.

Ah! bénis mon heureux destin!
Vas, ne sois plus en peine. (*bis.*)

THÉRÈSE.   *Ensemble.*   FAGOTIN.

Mais, quelle est cette invention, Ah! quelle bonne invention, *etc.*
Cette heureuse inspiration,
Qui doit finir ta peine?
Je veux être certaine
De cette bonne invention.
Eh bien! (*7 fois*) m'ôteras-tu de
  peine.

Thérèse veut le retenir, il fuit précipitamment.

SCENE VII.

THÉRÈSE, *seule.*

EN vérité, je ne puis rien concevoir à ce départ précipité; malgré son assurance, j'ai bien peur d'être obligée d'épouser Diahu.

Air : *Tout comme a fait ma mère.*

Oh! mais, si l'on veut que j'épouse
L'homme que je ne puis souffrir;
De son humeur par trop jalouse,
Je le fais bientôt repentir.
Dam! dam! c'n'est p'têtr' pas bien!
Dam! dam! je n'en sais rien.
Que risquai-je, au surplus, de faire
Tout comme fait (*ter.*) ma mère.

SCENE VIII.
THÉRÈSE, DIAHU.

DIAHU.

G N'Y a zun lap de temps que je guigne le quart-d'heure de
vous trouver dans la solitude, vous y êtes, (*avec passion*) c'est le moment de vous faire sentir combien vot'
dur'té me fait d'mal. . . . au cœur. (*Un soupir énorme.*)

THÉRÈSE.

Ah ! vous m'allez encore parler de votre amour. . . . vous
savez bien. . . .

DIAHU.

e celui d'Fagotin vous est plus touchant. Mais „j'dis,
l'je. homme a levé le sabot, et quand vous le revoirrez,
princ e, c'est qu'à midi il fera clair.... de lune. Dailleurs,
je l'v. ben, si je n'vaux pas mieux.

   Air : *Il faut quitter ce que j'adore*

> Chacun admirant ma tournure,
> Rit de celle de Fagotin :
> La franchise est sur ma figure ;
> Il a l'air sournois et mutin :
> Je suis constant ; il est volage ;
> Plus que lui, je suis courageux ;
> Il ne ferait rien en ménage ;
> Moi, j'y travaillerai pour deux. (*bis.*)

THÉRÈSE.

Peu m'importe.

DIAHU.

Et puis, M. Rondin aura long-tems sur le cœur la ma-
telotte de la Rapée. J'vous l'dis, ma mère, il n'digérera
pas Fagotin ; au lieu que Diahu za sa confiance, et copieu-
sement.

THÉRÈSE.

Suis-je obligée, moi, de payer les services que vous ren-
dez à mon père, et le soin que vous prenez de ranger ses
fagots.

DIAHU.

Modéle d'ingratitude !

Air : *de Blaise et Babet.*

C'est pour toi que je les arrange,
Les fagots de notre chantier ;
Là, tout me rappelle, ô mon ange,
Et mon amour et mon métier :
Cet amour, envain je l'évite,
Les fagots m'y parlent de toi,
Et la bûche la plus petite
Te rend encor présente a moi.

THÉRÈSE.

C'est flatteur.

DIAHU.

Et véridique : y a mieux.

Air : *Souvent la nuit quand je sommeille.*

Jamais la nuit, quand je sommeille,
Je ne sens le moindre appét't ;
Et, jusqu'à ce que je m'éveille,
Un sommeil affreux me poursuit.
Des yeux je ne reprends l'usage
Qu'à l'instant où le jour a lui.
Ah ! dis-moi toi même aujourd'hui
Si l'on peut aimer davantage. (*bis.*)

THÉRESE.

Tant pis pour vous ; car je sens que moi je ne vous aimerais jamais.

DIAHU.

Jamais! le v'là donc lâché l'mot fatal; mais, n'importe, mon cœur est un feu brûlant za qui faut un aliment et j'me lancerais dans une autre flamme, plutôt que. . . .

SCENE IX.

LES PRÉCÉDENS, FAGOTIN, *en cuisinière.*

FAGOTIN, *contrefaisant sa voix.*

C'EST de la part de M. Falourdet, marchand de bois, boulevard du Pont-au-Choux, qui m'a dit qu'on avait besoin d'une cuisinière ici , et comme je sais laver proprement la vaisselle , savonner le linge , décrasser le gros , nétoyer le fin, blanchir les dentelles, coudre , repasser , faire des reprises , donner le coup-d'œil à tout, sans me mêler de rien ; je viens savoir si mon petit ministère pourrait vous être agréable. Est-ce monsieur qu'est le bourgeois ?

D I A H U.

Pas encore. (*à part.*) V'là juste ce qu'il me faut pour éteindre mon feu.

F A G O T I N.

Pourrait-on l'y parler , sans qu'ça l'dérange ?

D I A H U , *d'un ton mielleux.*

V'la la fille d'la maison , parlez-y , mon enfant.

F A G O T I N.

Mamezelle , pourrait-on vous prier de m'conduire à M. votre che père , ou d'l'amener ici ? ça s'ra comme vous voudrez et comme il voudra. (*bas à Thérèse.*) N'lui dis pas qu'c'est Fagotin.

T H É R È S E.

Comment! c'est. . . . M. Falourdet qui vous adresse ici ?

T H É R È S E.

Je vais chercher mon père. (*elle sort.*)

SCENE X.

DIAHU, FAGOTIN.

D I A H U , *à part.*

ALLE n'est pas mal , la cuisinière , et si j'pouvais. . . . . faut essayer.

F A G O T I N , *à part.*

Est-ce que ce drôle-là voudrait. . . . . ? Il serait plaisant que j'en faisse la conquête.

D I A H U , *à part.*

Elle n'a qu'à me r'bouiser.

F A G O T I N , *à part.*

C'est au cœur du bourgeois que j'visais , mais gn'y aurait pas d'mal d'empaumer l'garçon d'abord ; ça f'ra que j'saurai des choses. . . . .

D I A H U, *à part.*

Faisons semblant de la connaître de queuque part. (*haut*)
I m'sembe, ma belle enfant, que c'n'est pas la première fois
que j'ai celui d'vous dévisager.

F A G O T I N, *à part.*

Disons comme lui. (*haut*) Effectivement, vous avez une
face dont j'ai queuque idée.

D I A H U, *à part.*

Est-ce que j'aurais menti juste ? (*haut*) et où ça croyez-
vous que. ...

F A G O T I N.

Rappellez-moi les endroits.

D I A H U.

Air : *Vous souvient-il de cette fête* , de la Fausse magie.

> Vous souvient-il de la Courtille?
> Vous souvient-il des Porcherons?

F A G O T I N.

> Il me souvient de la Courtille.
> Il me souvient des Porcherons..

D I A H U.

> Pour vos appas, charmante fille,
> Belaient tous les... tous les... cœurs des garçons.

F A G O T I N.

> D'une façon assez gentille,
> Vous prit' tous les..tous les..cœurs des tendrons.

D I A H U.

> Dans mes flancs une horrible flamme,
> Comme un incendie éclata.

F A G O T I N.

> Je sentis un poids sur mon ame ;
> Malgré moi, mon cœur palpita.

D I A H U.	*Ensemble.*	F A G O T I N.
Dans mes flancs, etc.		Mon cœur palpita, etc.

F A G O T I N.

> J'étais dans une folle ivresse.

D I A H U.

> J'avais un accès de tendresse.

D I A H U.	*Ensemble.*	F A G O T I N.
Y allais voler (*bis.*) un baiser.		J'allais donner (*bis.*) un baiser.

D I A H U.

> Vous souvient-il, etc.

F A G O T I N, *à part.*

V'la t'un garçon qu'a la mémoire heureuse.

C

D I A H U.

Y a long-tems que je n'vous ai jamais oubliée, et d'puis ça, j'sens là. . . . .

F A G O T I N.

Que sentez-vous donc là, mon ami?

D I A H U, *avec passion.*

Un amour interminable jusqu'à ma dernière palpitation, et puisque j'te r'pêche à l'isle Louviers.

(*Il se jette à genoux.*)

Air : *Femme sensible.*

Femme sensible, ah ! dans cette journée,
Jure d'n'aimer que moi dans le chantier ;
Ce tendre aveu qu'les échos d'la Rapée
L'répèt' à ceux d'la ru' Geoffroy-Lasnier.(*bis*)

F A G O T I N, *le relevant.*

Vous croyez que je vais donner dans vos giries sentimentales. Eh bien, non.

D I A H U.

Consens à partager mon amour.

F A G O T I N.

Si je pouvois croire. . . . .

D I A H U.

Si tu pouvais croire ! . . . . Ah ! crais que si je parviens à faire filtrer dans tes altères une étincelle du feu qui me consume, je me plonge dans l'hyménée dessus le quart-d'heure.

F A G O T I N.

Laissez-donc, petit espiègle, je ne suis pas si jaune.

Air : *Ton humeur est, Catherine.*

C'est avec cette promesse
Que d'un objet plein d'appas,
On sait vaincre la tendresse,
La conduire à de faux pas ;
Le mariage la tente,
Et rien n'èst aussi commun
Que d'en voir commencer trente,
Sans jamais en finir un.

D I A H U.

Eh ben ! finissons d'abord, je commencerons après.

FAGOTIN.

Je ne vous écoute pas.

DIAHU.

Air : *daigne écouter.*

Daigne écouter l'amant fidèle et tendre,
Dont . . . .

FAGOTIN.

Air : *Il m'en pend, etc.*

Je n'veux pas d'un amant
Qui n'a pas le sol dans sa poche ;
Je n'veux pas . . . .

DIAHU.

Des noyaux !

Air : *du devin de village.*

Quand on sait aimer et plaire,
A-t-on besoin d'autre bien?....

FAGOTIN.

Sans-doute.

DIAHU.

Eh ben, ma poule, on a l'tac pour s'emplumer.

FAGOTIN.

Bah !

DIAHU.

Une douzaine de bûches par stère, et un cent de fagots par mille, ça n'pèse pas un once.

FAGOTIN, *à part.*

C'est bon à savoir. (*Haut.*) Allons, je vois que je pourrai t'être heureuse avec vous ; si nos cœurs s'entendent au bout de quete tems.

DIAHU.

Ils s'entendront tout d'suite.

ensemble, se tenant la main amoureusement.

Air : *il faut des époux assortis*

Que nous serons ben assortis
Dans les liens du mariage !

DIAHU.

Je s'rai la perle des maris.

FAGOTIN.

Et moi la perle du ménage.

DIAHU.	*Eusemble.*	FAGOTIN.
Je s'rai ben complaisant, ben doux		Vu s'ras ben complaisant, ben doux
Et si tu n'me donn' en ta vie		Et si je n'te donn' en ma vie
Aucun sujet d'être jaloux,		Aucun sujet d'être jaloux,
Je n'aurai pas de jalousie.		Je n'aurai pas de jalousie.

SCENE XI.

LES MÊMES, M. RONDIN.

M. RONDIN, *à part.*

Voyons un peu cette nouvelle venué et sachons.... peste !
la jolie créature !

DIAHU, *à part.*

Comme ses quinquets s'allument auprès de ma flamme.

FAGOTIN, *à part.*

Allons, Fagotin, de l'adresse, et tu prendras les merles
au trébuchet.

M. RONDIN.

Ah ça ! la belle enfant, tu veux donc entrer en service ?

DIAHU.

La pauvre petite chate ! al'n'étoit point rémoulue pour ça.

FAGOTIN.

Assurément, et si je me mets en service, c'est que je ne puis
pas faire autrement, étant d'une famille marquante, j'ose
dire : mon père étoit homme de robe.

M. RONDIN.

Homme de robe !

FAGOTIN.

Il est mort, Bédeau de S. Pierre-aux-Bœufs, et ma mère
a-t-encore aujourd'hui l'entreprise des crêpes et des beugnets
à l'Apport-Paris..

M. RONDIN.

Vous en êtes de Paris ?

FAGOTIN.

Rue des Marmouzets, au coin de la rue de la Licorne, aux
armes parlantes.

M. RONDIN.

Et vous vous nommez ?

FAGOTIN, *faisant une révérence.*

Air : *Bouton de rose.*

Je m'nomme Rose,
Mon cher, monsieur, pour vous servir,
Et si j'vous suis bonne à queut'chose,
Ça f'ra ben honneur et plaisir
A la p'tit' Rose. (*bis.*)

M. RONDIN, *à part.*

Voilà une petite Rose qui paraît bien bonne à cueillir.

DIAHU.

Si vous aviez connnoissance de toutes ses qualités!

M. RONDIN, *à part.*

Il faut rester seul avec elle. (*A Diahu.*) Je crois, mon enfant, qu'il serait à propos de donner un coup-d'œil au chantier ; qu'en dis-tu ?

DIAHU, *à part.*

J't'entends ben. (*Haut.*) J'y vais. (*A Rose.*) Ah ça, notre marché invulnérable, n'est-ce pas ?

FAGOTIN, *bas à Diahu.*

Ce qui est dit, mon vieux, l'est.

DIAHU, *sort en chantant à demi-voix.*

» C'est ici que Rose respire.

SCENE XII.

M. RONDIN, FAGOTIN.

M. RONDIN.

Tu ne seras donc pas fâchée, ma petite Rose, d'entrer chez moi.

FAGOTIN.

Pisque l'malheur m'force à faire ressource de mes petits talens pour la cuisine, j'aime mieux que vous en profitiez qu'un autre. Votre physionomie me revient terriblement, et je sens qu'avec vous....

M. RONDIN.

Tu sens qu'avec moi.....

F A G O T I N.

J'oublierai bientôt les malheurs de mon infortune.

M. R O N D I N.

Serait-il possible ?

F A G O T I N, *à part.*

V'la l'feu qui prend ; faut jetter d'l'huile à brûler. (*haut.*)
Et si vous avez pour moi des égards. . . . .

M. R O N D I N.

Des égards ! jaurai mieux que ça, et si tu veux. . . . . .
(*il va pour l'embrasser.*)

F A G O T I N.

Air : *Il était une fille.*

Finissez, je suis fille,
Je suis fille d'honneur,
Et je prends garde à mon honneur.

M. R O N D I N.

Tu plaisantes.

Fillette un peu gentille,
N'a jamais pris, d'honneur,
Tant garde à son honneur.

F A G O T I N.

Mais, en vérité, v'la des propos qui suffoquent ma pudeur..
épouvantablement.

M. R O N D I N, *à part.*

C'est une fille bien née ; changeons de batterie.

Air : *Escouta d'Jannette.*

Ecoute-moi, Rose,
Je veux en ce jour,
Larirette,
Ecoute-moi, Rose,
Gaguer ton amour.

F A G O T I N.

Tout mon amour,
En un seul jour,
C'est impossible.
Tout mon amour,
C'est impossible,
En un seul jour.

| M. RONDIN. | Ensemble. | FAGOTIN. |

Ecoute-moi, Rose, etc.

Vous n'pouvez de Rose,
Gagner en un jour,
Larirette,
Vous n'pouvez de Rose,
Gagner tout l'amour.

FAGOTIN.

Mon amour ! oh que non ! je ne le donne pas comme ça
tout de suite. On n'est pas sans avoir reçu des offres, mais
j'dis elles n'ont pas convenu.

M. RONDIN.

Des offres !

FAGOTIN.

Sans-doute.

Air : *Si des galans de la ville.*

Si des marchands d'bois de l'isle ,
J'eusse écouté les propos,
Ah ! qu'il m'eut été facile,
De m'fair' conter des fagots !
L'un m'offrait de la dentelle,
Et l'autre des souliers blancs ;
Des bas gris de filloselle,
Des bonnets et des rubans.
Si des marchands, etc.

M. RONDIN.

Tous ces gens là ne faisaient que promettre : moi, je tien-
drai.

FAGOTIN.

Qui m'assurera... ?

M. RONDIN.

Ecoute : à présent je ne suis guère en fond ; les sorties
sont fréquentes ; les rentrées sont rares.

Air : *des fraises.*

Mais à l'amour le plus pur,
Si tu réponds, Minette,
Je vais te passer, bien sûr,
La moitié de mon bois sur
La tête. (*ter.*)

FAGOTIN, *à part.*

Allons donc (*haut.*), et que dira Mad. Rondin.

M. RONDIN.

Ma proposition te convient-elle ?

FAGOTIN.

Qui ne dit mot....

M. RONDIN.

Consent. (*il l'embrasse.*)

FAGOTIN.

Ce n'est pas du marché.

M. RONDIN.

C'est le pot-de-vin. Attends-moi là un instant ; je te vais apporter la donation en regle.

SCENE XIII.

FAGOTIN.

Ce gros Rondin, comme il a pris feu tout de suite ! comme il en aura par le bec, avant la fin du jour ! et comme faudra que j'devienne la moitié de Thérèse ! Ce n'est pas l'embarras, si j'l'épouse, j'y borne la course de mes conquêtes, et j'dis :

Air : *de la catacoua.*

Adieu Charlotte, adieu Manette,
Adi u Margueritte et Manon,
Adieu Thérèse, adieu Jeannette,
Adieu Ge'n'viève, adieu Mad'lon :
Chacun' de vous était gentille ;
Pardonnez c'cruel abandon.
  Adieu Louison,
  Adieu Jeann'ton,
  Adieu Gothon,
  Pétronille
  Et Manon.
Adieu les amours d'la Courtille ;
Adieu les amours du grand ton.

Parbleu, faut convenir qu'il m'est arrivé là une imagination fièrement bien imaginée....

T H E R È S E.

De sorte que je puis épouser qui je voudrai sans que vous
en soyez jaloux.

D I A H U.

Oh ! mon dieu.

Air : *D'un dépit jaloux.*

D'un dépit jaloux,
Mon ame est bien guérite....
Toujours....

SCENE XVII.

LES MÊMES. M. ET Mad. RONDIN,

Mad. RONDIN.

On vous en donnera des roses dans votre cuisine.

M. RONDIN.

Parbleu , madame , je vous ai , pendant assez long-tems,
laissé des Fagotins dans le chantier.

Mad. RONDIN.

Ah ! mais , Fagotin, c'est bien différent.

M. RONDIN.

Très-différent.

Mad. RONDIN.

Un domestique zélé, attentif, aux petits-soins.

M. RONDIN.

Pour vous.

Mad. RONDIN.

Pour tout le monde.

M. RONDIN.

Quoiqu'il en soit , je l'ai chassé , et je prétends bien que
jamais. . . . .

SCENE XVIII.

LES MEMES, FAGOTIN.

M. RONDIN.

Comment, petit drôle , tu oses.. . . ..

FAGOTIN.

Il m'est revenu , brave homme , que vous aviez une assez jolie fille à marier , si la dot est conséquente , je vous donne la préférence.

M. RONDIN.

Voilà un excès d'insolence qui me passe.... je...

FAGOTIN, *toujours avec impertinence.*

Que voulez-vous? on voit dessus note boule des choses si farces !

DIAHU.

J'vois qu't'as envie de t'faire saluer d'un rabattage de quilles à travers les osselets.

M. RONDIN.

Un drôle que j'ai chassé de chez moi , et qui n'a pas un sol vaillant.

FAGOTIN.

Vous n'êtes pas mal de la St. Barnabé, petit papa.

M. RONDIN, *à part,*

Que veut-il dire ?

FAGOTIN.

Je possède, depuis demi-heure , la moitié du plus beau chantier de l'Isle , qu'une cuisinière de mes amies m'a fait cadeau.

RONDIN, *à part.*

Comment ! (*à Fagotin.*) est-il croyable qu'une cuisinière.

FAGOTIN.

Air : *A Paris , et loin de sa mère.*

Son maître, la trouvant gentille,
Et n'ayant pas beaucoup d'argent,
Pour gagner le cœur de c'te fille
D'moitié d'son bois lui fait présent.
Elle , avec bien d'la reconnaissance,
Accepte un aussi grand bienfait,
Mon cher monsieur, en conscience,
Dites, dites-moi, n'a-t-ell' pas bien fait. (*bis.*)

M. RONDIN, *à part.*

Je suis joué, (*à Fagotin.*) et tu la nomm s?

FAGOTIN, *faisant la même révérence et reprenant la même voix de femme que précédemment.*

Air : *bouton de rose.*

Ell' se nomm' Rose,
Mon cher monsieur, pour vous servir,
Et si, etc.

M. RONDIN.

Comment, c'était toi ?

FAGOTIN.

Ça vous enrhume, pas vrai?

Mad. RONDIN.

Ah ! mon très-cher mari, c'était-là cette Rose... et le petit drôle ne m'en avait pas fait confidence, à moi.

FAGOTIN.

Air : *de la pipe de tabac.*

Si, dans pareille circonstance,
Avec vous, j'ai paru discret,
J'ai cependant fait confidence
Ailleurs de mon petit projet;
C'était malgré moi, sur mon ame,
Mais j'ai vainement, en effet,
Voulu, sous des habits de femme,
Garder quelque tems un secret.

THÉRÈSE.

Et j'étais dépositaire du sien.

FAGOTIN.

Ah ça ! comme je ne veux pas que v'ot'bois sorte de la famille, j'offre de le partager avec Thérèse, voyez...

M. RONDIN.

Comment, il faudra que je fasse....

FAGOTIN.

De nécessité, vertu, si ça vous est égal.

M. RONDIN.

A la bonne heure. Mais si jamais on m'y ratrappe.

DIAHU, *en fureur.*

Air : *des rigueurs du cloître.*

Ah! quel scandale abominable!
Quel déshonneur pour la maison!
Ah! quel.....

FAGOTIN.

T'as raison de m'faire voir qu'ta présence est là, monsieur dix bûches par stère ; je devrais.... mais non, je veux
qu'un chacun participe à la félicité d'mon bonheur. Quoi
qu'ça, pus de r'tour du bâton, où t'en verras d'un autre.

DIAHU

Me v'là mistifié !

FAGOTIN.

C'est l'cas d'chanter : (*contrefaisant Diahu.*)

Air : *de la chercheuse d'esprit.*

Quel désespoir,
D'être sans esprit à mon âge.

DIAHU.

Allons, Diahu, mon fils, faut qu'tu gobes le calice amer
de la douleur, jusqu'à la dernière bouchée.

FAGOTIN.

Ça t'rend camus ; allons, retourne au chantier débiter tes
fagots.

DIAHU.

L'métier n'vaut plus rien, tout l'monde s'en mêle.

Air : *de la Monaco.*

TOUS.

Toujours en France,
A tout propos,
Que de gens avec assurance,
Viennent en France,
A tout propos,
Viennent débiter des fagots.

M. RONDIN.

Le flatteur vous promet du zèle,
L'ami vous promet de l'argent,
Femme jure qu'elle est fidelle ;
Son époux dit qu'il est constant.
Toujours, etc.

DIAHU.

App'lez un méd'cin à votre aide,
Il étourdit par ses grands mots ;
Mais p'utôt qu'vous n'voudrez son r'mède
Vous guérira de tous vos maux.
Toujours, etc.